Haushalt richtig organisieren und führen

Mit den besten Tipps & Tricks im Handumdrehen zu mehr Ordnung, weniger Stress und mehr Geld in der Haushaltskasse

Carolin Jansen

INHALT

Das erwartet Sie in diesem Buch

Schon wieder Ebbe in der Haushaltskasse, obwohl der Monat gerade erst begonnen hat? Der Hausputz steht mal wieder an und die Wäscheberge türmen sich schon wieder? Das Chaos nimmt überhand und Sie wissen nicht, womit Sie beginnen sollen? Die eine Ecke ist aufgeräumt und zwei Stunden später herrscht erneutes Chaos? Wir alle kennen die Tage, an denen uns all dies über den Kopf wächst und wir uns einfach nur überfordert und dazu noch schlecht fühlen. Wann soll ich das ganze Chaos im Haus bewältigen? Kann ich mir diesen Monat noch einen Abend mit meiner Clique im Restaurant erlauben oder lässt mein Geldbeutel das nicht zu? Seien wir mal ehrlich, wer hat schon Lust, sich nach einem anstrengenden Arbeitstag all diesen Aufgaben, Verpflichtungen und Sorgen zu widmen? Das Leben ist zu kurz, um in allem ein Problem zu sehen, vielmehr sollten wir es mit Freude und Leichtigkeit genießen und unseren Alltag mit dessen Aufgaben nicht zum Feind werden lassen.

Mit all diesen Fragen und Sorgen sind Sie nicht alleine. Vielen Menschen geht es genauso, sie teilen dieselben Sorgen und fragen sich Tag für Tag, wie dies alles bewältigt werden soll. Doch hier kommt der entscheidende Punkt. So muss es nicht sein! Sie haben es in der Hand, an Ihren Routinen und Einstellungen zu schrauben und diese ins Positive zu verändern. In diesem Ratgeber möchte ich Ihnen helfen, sich clever zu organisieren und den Monat mit einem Plus in der Haushaltskasse zu beenden. Natürlich sind nicht immer alle Tipps für jeden ideal umzusetzen, daher ist es völlig in Ordnung, wenn Sie nur die Tipps nutzen, mit denen Sie sich identifizieren können und die gut für Sie anzuwenden sind. Jede noch so kleine

Änderung kann Ihnen eine Erleichterung in Ihren alltäglichen Aufgaben bringen.

Die vier Baustellen

Der Haushalt ist als großes Ganzes anzusehen, jedoch unterteile ich gerne in vier Bestandteile. Nennen wir sie die „Baustellen". Diese sind die wesentlichen Probleme und Themen, die in jedem Haushalt anfallen. Welche Baustelle stärker ausgeprägt ist, unterscheidet sich individuell von Mensch zu Mensch. Der eine geht mit einer Baustelle besser um, der andere kommt an dieser Baustelle überhaupt nicht voran. Jedem Menschen liegt ein Bereich mit dessen Aufgaben besser, dafür liegt ihm ein anderer Bereich überhaupt nicht. Das ist völlig normal und trägt zu unserer Persönlichkeit bei. Ich möchte kurz auf diese Baustellen eingehen und Ihnen danach ein paar einfach umzusetzende Tipps und Vorschläge an die Hand geben, die genau diese erleichtern sollen. Dieser Ratgeber soll Ihnen helfen, die Probleme, die diese Baustellen mit sich bringen, nicht länger als Probleme anzusehen, die Ihnen Kopfzerbrechen bereiten, sondern Ihnen viel mehr eine Lösung geben, diese als tägliche Begleiter zu sehen und nicht als solche, mit denen wir auf Kriegsfuß stehen.

BAUSTELLE 1:
DIE GEFÜHLSLAGE

Unsere Gefühlslage hat einen immens großen Einfluss auf unseren Alltag. Wer kennt es nicht? Im Chaos und mit Geldsorgen fühlt man sich schlecht und bedrückt. Die Tatsache, dass im Wohnzimmer die Bombe eingeschlagen hat, oder der bloße Gedanke an die Wäsche, welche im Wäschekorb wartet, lässt nicht zu, dass wir uns entspannt auf der Couch unsere Lieblingsserie anschauen. Wir stehen innerlich unter Stress, da unsere Gedanken ständig umherschwirren und uns aufzählen, was noch alles zu tun ist. Von jeglicher Entspannung sind wir hierbei weit entfernt. Wir zählen die Tage des Monats, wie lange unser Geld noch reichen muss, überlegen uns, wann wir die Wäsche waschen, und mitten im Gedankenchaos fällt uns dann noch ein, dass der Kühlschrank auch noch gefüllt werden muss, obwohl gerade der Boden dringend gewischt werden müsste.

Die Aufgaben, die neben der Arbeit und der Kinderbetreuung noch anfallen, lassen uns schnell frustrieren und geben uns das Gefühl, nicht allem gerecht zu werden. Hinzu kommt der innere Druck, alles schaffen zu wollen, und die Enttäuschung, wenn es dann doch nicht so funktioniert hat, wie wir es eigentlich wollten. Das alles trägt nicht zu guter Stimmung bei und wir fühlen uns in manchen Momenten ausgebrannt.

Würden Sie sich nicht viel besser fühlen, wenn all dies erledigt wäre oder zumindest eine Grundordnung herrschen würde, bei der Sie nicht das Gefühl haben, vom Chaos überrannt zu werden? Wie würden Sie sich fühlen, wenn Ihre Haushaltskasse nicht bis zum letzten Cent aufgebraucht wäre? Würde sich die Serie auf der Couch nicht wie die pure Belohnung ohne belastende Gedanken anfühlen? Das können wir ändern. Unsere seelische Gesundheit ist essenziell wichtig für uns, da sie uns in allem beeinflusst. Geht es uns gut, geht alles leicht von der Hand und man kann sich viel eher zu etwas motivieren. Wir gehen mit Freude an alle Aufgaben und sehen Probleme nicht als Hindernisse, sondern suchen aktiv nach Lösungen, anstatt Trübsal zu blasen. Geht es uns hingegen schlecht, fällt uns alles schwer, wir sehen nur Regen anstatt Sonnenschein. Probleme bleiben Probleme, deren Lösungen für uns zum Teil unerreichbar scheinen, daher möchte ich Ihnen helfen, sich vom seelischen Ballast, den das Thema Haushalt auslöst, zu befreien.

Die gute Nachricht: Der Haushalt und auch der Wocheneinkauf rennen nicht weg. Die Wäsche und der Schmutz auf dem Boden warten auf Sie, so dass Sie sich keinen Druck machen müssen, alles in einer Stunde erledigen zu müssen. Setzen Sie sich nicht zu stark unter Druck und seien Sie nicht zu streng mit sich selbst, indem Sie zu hohe Anforderungen an sich selbst stellen. Niemand ist perfekt und muss es auch nicht sein.

Die schlechte Nachricht, oder nennen wir sie den „Ausweg": Sie müssen bereit sein, etwas dafür zu tun, und hierzu neue Routinen in Ihren Alltag einbringen. Vielleicht wird dies erst einmal ein wenig unbequem, jedoch werden Sie feststellen, dass kleinere Änderungen schon große Unterschiede und Erfolge erzielen.

BAUSTELLE 2:
DIE HAUSHALTSKASSE

Das leidige Thema Geld. Der Einkauf hat mal wieder mehr gekostet als geplant und es ist mal wieder viel zu viel im Einkaufswagen gelandet. Trotz Angebotskäufen aus den wöchentlich gut durchstudierten Angebotsheften ist mal wieder ein Loch in der Haushaltskasse. Die Summe an der Kasse verdirbt uns jegliche Freude an unseren Einkäufen und lässt uns frustriert nach Hause fahren. Beim Blick in den Kühlschrank fällt dann auf: Es fehlt wieder eine entscheidende Zutat für das Abendessen, trotz des gerade getätigten Einkaufs. Genervt fahren wir also erneut in den meistens überfüllten Supermarkt oder Discounter, obwohl wir doch sowieso keine Zeit haben, weil zu Hause noch so viel zu tun ist. Am Ende der Woche stellen wir dann fest, dass ein Teil unserer Lebensmittel leider keine Verwendung gefunden hat und somit letztendlich die Endstation im Mülleimer findet.

Ein weiterer Punkt sind die steigenden Lebensmittelpreise, welche uns allen Bauschmerzen und erhöhte Ausgaben bereiten. Umso wichtiger ist es, neben dem ethischen Aspekt die Lebensmittel klug einzukaufen und zu planen, so dass alles optimal verwertet werden kann und nichts im Mülleimer landen muss. Ich gebe Ihnen hierzu Tipps, wie Sie kluge Entscheidungen beim Einkaufen treffen können und somit Zeit und Geld sparen und ganz nebenbei Lebensmittelverschwendung vermeiden. Ihre Haushaltskasse und die Umwelt werden es Ihnen danken.

BAUSTELLE 3:
DER EWIGE, NIE ZU
ERKLIMMENDE WÄSCHEBERG

Wenn die Wäscheberge sich schon wieder stapeln, obwohl der letzte Waschgang erst zwei Tage her ist, die Kleidung der letzten Wäsche noch auf dem Wäscheständer hängt und gefaltet werden möchte, hält sich die Freude in Grenzen. Bevor man also erneut beginnen kann, stehen erst noch einige Aufgaben an. Es muss farblich sortiert werden, wir müssen unterscheiden, welche Kleidungsstücke trocknergeeignet sind, und die Gradzahl muss auch noch beachtet werden, damit wir keine böse Überraschung erleben, wenn unser Lieblingspullover durch den zu heißen Waschgang geschrumpft ist. Zu guter Letzt muss auch noch Platz auf dem Wäscheständer geschaffen und die bereits getrocknete Kleidung abgehangen, gefaltet und gegebenenfalls gebügelt werden. Danach beginnt alles wieder von vorne.

Eine nie endende Aufgabe, die immer wieder aufs Neue anfällt. Ist der Wäschekorb kürzlich erst geleert worden, ist er spätestens nach drei Tagen wieder voll. Umso wichtiger und hilfreich ist es, hier Routinen zu finden, welche diesen regelmäßigen Ablauf erleichtern und vereinfachen. Es muss auch gar nicht Ihre Lieblingsaufgabe werden, doch durch einige kleine Tricks lassen sich hier Zeit und Nerven sparen. Zuletzt kann sogar die Haushaltskasse von kleinen Veränderungen profitieren.

BAUSTELLE 4:
NACH DEM HAUSPUTZ IST VOR DEM NÄCHSTEN HAUSPUTZ

Der letzte Hausputz ist erst kürzlich erledigt worden, doch Staub und Schmutz lassen nicht lange auf sich warten und sind bereits nach kurzer Zeit wieder in jeder Ecke sichtbar und lächeln uns an, als hätten wir nur darauf gewartet. Wäre doch nur alles so schnell gereinigt, wie der Staub fällt. Auch das Badezimmer hätte es mal wieder bitter nötig bei den ganzen Wassertropfen, die auf den Fliesen schon wieder zu sehen sind. Zugegeben, der Großteil der Bevölkerung kann sich einen schöneren Zeitvertreib als den Hausputz vorstellen, jedoch ist dieser unvermeidlich, wenn man sich nun mal wohlfühlen möchte. Es bringt leider nichts, diesen als Feind zu betrachten und sich Woche für Woche damit zu quälen, denn er muss nun mal erledigt werden. Wichtig hierbei ist es, clevere Routinen und Abläufe zu finden, die Erleichterung schaffen.

Nicht jeder kann oder möchte sich eine Haushaltshilfe leisten. Es wäre doch hilfreich, wenn man sich diese lästigen Aufgaben angenehmer gestalten könnte. Ich möchte Ihnen einige nützliche Tipps mit auf den Weg geben, die Ihnen die Hausarbeit angenehmer, effizienter und kostengünstiger machen.

Praxistipps für den täglichen Gebrauch

Anhand einiger Beispiele möchte ich Ihnen nun ein paar einfache Tipps geben, wie Sie Ihre Routine ändern können und hierbei ganz nebenbei, ohne viel zu tun, Zeit und Geld sparen können. Oftmals ist es einfacher und leichter, diese in den Alltag zu integrieren, als gedacht. Voraussetzung ist, dass der Wille vorhanden sein muss, von seinen alten Routinen und

Gewohnheiten abzuweichen und Neues in seinem Alltag zu integrieren. Da Sie diesen Ratgeber lesen, bin ich überzeugt davon, dass Sie diesen Willen bereits haben. Sie werden sich wundern, wie simpel sich einige Dinge und Vorgänge in Ihrem Leben vereinfachen lassen, für die wir im stressigen Alltag leider oft zu blind oder einfach zu bequem sind, um uns die Mühe zu machen, hinter die Fassade zu blicken, um die Vorteile zu erkennen. Lassen Sie uns nun damit beginnen, Ihnen das Leben leichter zu machen.

ZEIT UND GELD BEI EINKÄUFEN ALLER ART SPAREN

Zunächst möchte ich Ihnen einige Tipps zum Thema Geld aufführen und dazu, wie es sich einfach in verschiedenen Bereichen sparen lässt, um die Haushaltskasse nicht bis auf den letzten Cent aufbrauchen zu müssen.

Angebotsshopping
Die wunderbar bunten Angebotsprospekte. Fröhlich flattern diese wöchentlich in unseren

Briefkasten. Die Preise der vielen Angebote klingen verlockend. In Supermarkt A gibt's den Lieblingskäse 30 % günstiger, in Supermarkt B sind die Spaghetti der Premium-Marke im Angebot. Zusätzlich gibt's im Discounter C noch die Cola 50 % günstiger. Da spare ich doch sicher eine Menge, wenn ich nur die Produkte aus dem Angebot kaufe. Jein! Diese vereinzelten Produkte sind vielleicht ausnahmsweise günstiger, aber welchen Vorteil haben Sie sonst? Landet nicht ganz nebenbei noch etwas anderes im Einkaufswagen, was eventuell gar nicht geplant war, zu kaufen?

Wenn die Supermärkte nicht direkt nebeneinander liegen, wie viel kostet mich das Benzin, um alle drei Supermärkte abzuklappern, in denen es die verschiedenen Angebote gibt, falls sie überhaupt noch verfügbar sind und die Fahrt nicht umsonst war? Welchen Zeitaufwand habe ich, wenn ich dreimal anstatt nur einmal an der Kasse anstehen muss? Bitte verstehen Sie mich nicht falsch, ich verteufle Angebotsaktionen keinesfalls, jedoch habe ich für mich festgestellt, dass sich diese für mich nicht lohnen. Die Benzinkosten und auch der Zeitaufwand rechnen sich für mich nicht. Produkte, die ich in dem einen Angebotsdiscounter/Supermarkt sehe und die mein gängiger Lieblingsdiscounter nicht führt, landen automatisch in meinem Einkaufswagen, obwohl ich diese in meinem Wocheneinkauf normalerweise gar nicht gekauft hätte. Achten Sie mal darauf. Wenn Ihr Supermarkt/Discounter, in dem Sie für gewöhnlich Ihren Wocheneinkauf erledigen, gute Angebote hat, dann sparen Sie definitiv.

Beschränken Sie sich ansonsten auf einen einzigen Supermarkt mit den besten Angeboten und erledigen Sie hier Ihren Wocheneinkauf, anstatt in 3 verschiedene Märkte mit jeweils verschiedener Produktauswahl zu fahren. Versuchen Sie, unnötige Käufe zu vermeiden, die Sie im Normalfall nicht getätigt hätten. Aber Vorsicht! Vergleichen Sie, ob die restlichen Produkte, die Sie sonst in Ihrem gewohnten Supermarkt bzw. Discounter einkaufen, hier nicht doch teurer sind. Eventuell haben Sie dann gar nicht mehr gespart und der Einkauf in Ihrem gewohnten Supermarkt oder Discounter wäre ohne Angebote günstiger gewesen.

Impulskäufe

Diese sind unbedingt und so gut es geht zu vermeiden. Oftmals stellen sich diese als totale Fehlkäufe und Geldverschwendung heraus. Unsere Euphorie ist nicht mehr zu bremsen und der Artikel wird sofort gekauft. Jedoch stellt sich hier in vielen Fällen einige Tage später die Ernüchterung ein. Wir kennen es alle, das schlechte Gefühl, wenn wir feststellen, wir haben für eine unnötige Sache, sprich einen Fehlkauf, unnötig Geld ausgegeben und der Artikel findet keine Verwendung. Bevor Sie einen Artikel kaufen, überlegen Sie. Brauche ich das unbedingt? Wie oft habe ich Verwendung dafür? Gibt es Alternativen? Wie lange muss ich für diesen Artikel arbeiten gehen, um die Summe hierfür aufzubringen?

Haben Sie keine Sorgen, das Produkt wird es auch nächste Woche noch geben, notfalls ist auch alles im Internet zu sogar oftmals günstigeren Preisen bestellbar. Sie müssen sich also keine Gedanken machen, dass das Produkt nicht mehr erhältlich sein wird. Schlafen Sie eine oder zwei Nächte darüber. Lässt es Ihnen danach noch immer keine Ruhe, dann kaufen Sie es. Oftmals legt sich der Kaufzwang über Nacht, weil klar wird, dass es gar nicht wirklich nötig ist. Sie werden froh sein, das Produkt nicht sofort gekauft zu haben. Das oftmals schlechte Gewissen nach einem Impulskauf bleibt Ihnen somit auch erspart – gut für den Geldbeutel und gut für Ihr Gewissen!

Discounter-/Supermarkt-Wahl:
Zu oft habe ich in namhaften Supermärkten zu viel Geld gelassen. In meinem örtlichen Discounter hätte ich meinen Einkauf zu einem wesentlich erschwinglicheren Preis bekommen. Natürlich ist hier zu erwähnen, dass ich nur bequemerweise in den teuren Supermarkt gefahren bin. Hier habe ich jedes Produkt kaufen können, das ich brauchte, also erledigte ich meinen gesamten Wocheneinkauf hier und musste nicht noch zu einem weiteren Markt fahren. Im Discounter fehlt es oft an Außergewöhnlichem und das störte mich. Klick gemacht hat es bei mir, als ich Monat für Monat beim Blick auf das Haushaltskonto feststellen musste, dass das Geld für diesen Monat schon wieder nicht reichte.

Ich begann, Preise zu vergleichen, und kaufte die ganz alltäglichen Lebensmittel wie Obst,

Gemüse, Nudeln usw. im gewohnten namhaften Supermarkt und in der Woche danach kaufte ich all diese Lebensmittel im Discounter. Ich war fassungslos. Natürlich bekommen Sie die Lebensmittel im Discounter nicht geschenkt, jedoch war der Preisunterschied enorm. Im Vergleich zu dem namhaften Supermarkt, in dem ich gewöhnlich meinen Wocheneinkauf erledigte, war mein Einkauf im Discounter ca. 40 % günstiger. Seit dieser Erkenntnis erledige ich meinen Wocheneinkauf ausschließlich in Letzterem und suche den namhaften Supermarkt nur noch für Produkte und Lebensmittel auf, welche ich im Discounter nicht erhalte. Genau das ist auch mein Tipp für Sie.

Erledigen Sie alle Einkäufe in einem Discounter und kaufen Sie nur die Produkte im namhaften Supermarkt, die Sie zuvor nicht kaufen konnten. Glauben Sie mir, das spart eine Menge Geld, da die alltäglichen Produkte im Discounter wirklich wesentlich erschwinglicher sind. Sie werden sogar feststellen, dass Sie die außergewöhnlichen Produkte gar nicht mehr so oft benötigen und oftmals die Einkäufe im Discounter völlig ausreichen. Sie werden begeistert sein, welchen Unterschied das macht und wie Ihre Haushaltskasse sich zum

Positiven verändert und wieder schwarze Zahlen schreibt.

Vergleichen Sie Lebensmittel der Eigenmarken

Vergleichen Sie doch mal einige Produkte miteinander. Sie werden feststellen, dass in vielen günstigeren Produkten fast dasselbe steckt wie in den teuren Markenprodukten. Gerade der Discounter hat immer eine große Auswahl an Eigenmarken und günstigen Markenprodukt-Alternativen. Testen Sie diese Alternativen doch mal, ich bin überzeugt davon, dass Sie überrascht sein werden, wie gut die eine oder andere günstige Alternative im Vergleich zum Markenprodukt schmeckt. Hier stellt sich oft heraus: Teuer heißt nicht immer besser und günstig bedeutet nicht immer schlecht.

Die gute altbekannte Einkaufsliste

Es ist lästig und manchmal nervig, aber sehr sinnvoll. Schreiben Sie sich eine Liste mit allen Dingen, die Sie benötigen, bevor Sie einkaufen gehen. So vermeiden Sie doppelte Käufe und vor allem vergessen Sie nichts. Somit sparen Sie sich den erneuten Weg zum Supermarkt und auch die Lebensmittelverschwendung der Doppelkäufe wird vermieden. Hinzu kommt ein schöner Nebeneffekt: Der Blick auf den Einkaufszettel lenkt vom Blick in die Regale ab, von welchem man sich gerne zu dem einen oder anderen Kauf verleiten lässt.

Mit Hunger einkaufen gehen?

Wir alle kennen es, wir kommen von der Arbeit nach Hause und der Magen knurrt vor Hunger. Bevor wir jedoch mit dem Abendessen beginnen, fahren wir noch schnell einkaufen, um die fehlenden Zutaten zu besorgen oder den Wocheneinkauf zu erledigen. Im Supermarkt angekommen, spricht uns einfach alles an und auf alles haben wir Appetit. Sogar die trockenen Spaghetti wirken ansprechend, als wäre die fertige Bolognesesoße dazu schon auf dem Tisch. Leider ist die Gefahr sehr hoch, dass einfach viel zu viel im Einkaufswagen landet und die Augen größer sind als der Magen. Wir packen alles in unseren Einkaufswagen, ob es nötig ist oder nicht. Versuchen Sie, sich zu zügeln, oder essen Sie eine Kleinigkeit vorher.

Das spart definitiv den einen oder anderen Euro und unnötige Käufe.

Verbinden Sie Einkaufsfahrten

Gewisse Produkte erhält man nicht im Supermarkt oder Discounter, hierzu muss man den Drogeriemarkt oder Baumarkt aufsuchen. Verbinden Sie diese Einkäufe miteinander, so müssen Sie am nächsten Tag nicht erneut losfahren und haben alles erledigt. Hiermit sparen Sie sich Benzinkosten und Zeit, die Sie sonst mit einer Autofahrt verbracht hätten.

Rabatt-Apps

Viele Supermärkte, Discounter und Drogeriemärkte bieten Apps an, die Sie sich auf Ihr Smartphone laden können. Hier werden oft Rabattaktionen und Gratisprodukte beim Einkauf angeboten. In Amerika gehören Rabattcoupons, sogenanntes „Couponing", fest zum Alltag. Die Supermärkte locken mit großen Rabatten und vielen Gratisprodukten. In diesem Ausmaß gibt es die Rabattaktionen in Deutschland bislang noch nicht. Ziehen Sie in Betracht, sofern es angeboten wird, die App Ihres Supermarktes oder Discounters, in dem Sie für gewöhnlich Ihren Wocheneinkauf erledigen, auf Ihrem Smartphone zu installieren. Erwarten Sie bitte keine riesengroße Ersparnis, aber der ein oder andere Euro lässt sich schon einmal sparen, selbst wenn man nur mal eine Flasche Cola bei dem sowieso anstehenden Wocheneinkauf gratis erhält.

ZEIT UND GELD
IN DER KÜCHE SPAREN

Planen Sie Ihre Gerichte vorausschauend
Vorausschauend planen kann Ihnen viel Geld und unnötige Käufe ersparen. Überlegen Sie sich doch mal, auf welche Gerichte Sie in der nächsten Woche Appetit haben. Schreiben Sie sich diese auf und planen Sie Ihre Einkaufsliste dementsprechend. Oftmals lassen sich auch gleiche Zutaten für mehrere Gerichte verwenden, so kann man auch mal gut den einen oder anderen Rest verwerten. Wenn Sie mit dieser Liste einkaufen, vermeiden Sie den Fehler, dass Ihnen ein Lebensmittel für ein Gericht fehlt, und Sie vermeiden gleichzeitig, dass eine Zutat übrig bleibt, für die sich keine

zeitnahe Verwendung findet. Sie planen Ihr Essen nicht gerne und entscheiden lieber erst kurz vorher, was auf den Tisch soll? Kein Problem, auch Sie können Ihren Einkauf vorausschauend planen. Kaufen Sie Zutaten, die Sie gerne mögen, und achten Sie nur darauf, dass sich diese auch untereinander gut kombinieren lassen.

So findet jede Zutat eine Verwendung und das eine oder andere Überraschungsmenü wird entdeckt. Wenn Sie beispielsweise verschiedene Gemüsesorten wie Tomaten, Zucchini und Brokkoli kaufen, ergeben sich verschiedene Gerichte, die sich gut miteinander kombinieren und vielseitig einsetzen lassen. Haben Sie Appetit auf Pasta, eignet sich die Tomate doch hervorragend für eine leckere Tomatensoße. Den Brokkoli und die Zucchini können Sie für eine Gemüsepfanne oder sonstiges verwenden. Hier sind Ihrer Kreativität keine Grenzen gesetzt.

Verwerten Sie Reste
Verwerten und kombinieren Sie alles, was der Kühlschrank oder die Gefriertruhe hergibt. Verzichten Sie auf den schnellen Einkauf für eine

fehlende Zutat und werden Sie erfinderisch. Das Internet gibt tolle Anregungen und aus manchem Rest lässt sich ein leckeres Gericht zaubern.

Frieren Sie Lebensmittel ein

Ich friere fast alles ein. Wenn mir auffällt, dass der Käse kurz vor dem MHD ist und ich in den nächsten Tagen keine Verwendung dafür habe, wandert er in den Gefrierschrank. So habe ich einen Käse auf Vorrat, habe ihn vor dem Mülleimer gerettet und gleichzeitig den erneuten Kauf gespart.

Ein Beispiel: Wenn für meine Gemüsepfanne nur 200 Gramm Zucchini benötigt werden, jedoch meine gekaufte Zucchini 400 Gramm wiegt – kein Problem. Ich friere Sie fertig gewürfelt ein. Für die nächste Gemüsepfanne oder ein sonstiges Gericht habe ich nun vorbereitete Zucchini im Gefrierschrank. Dies spart mir Zeit und Geld. Auch Reste von fertig gekochten Gerichten lassen sich meist problemlos einfrieren. Wenn es nun am Abend mal schnell gehen muss, kann man auf ein selbst gekochtes Gericht zurückgreifen. Dies spart wieder Zeit und Geld, da ich mir hier zum Beispiel den

Lieferdienst spare, den ich sonst aus Zeitgründen in Anspruch genommen hätte.

MHD – Mindesthaltbarkeitsdatum

Verlassen Sie sich auf Ihre Sinne. Oftmals können Sie am Geschmack, Geruch und Aussehen feststellen, ob ein Lebensmittel noch genießbar ist. Nicht sofort ist ein Produkt schlecht, wenn das Mindesthaltbarkeitsdatum überschritten ist. Sie werden sich wundern, wie viele Produkte noch genießbar sind und Sie vor der Mülltonne bewahren können. Überlegen Sie mal, wie viel Geld Sie sparen, wenn Sie feststellen, dass viele Lebensmittel noch genießbar sind und nicht direkt neu gekauft werden müssen.

Kochen Sie mit geschlossenem Deckel

Wer mit Deckel kocht, spart ein gutes Stück Energie und Zeit. Beispielsweise kocht das Pasta-Wasser mit geschlossenem Deckel viel schneller und die Kochplatte muss deutlich kürzer heizen.

Nachfüllpackungen
Viele Marken bieten mittlerweile Spülmittel und Seife in Nachfüllpackungen an. Greifen Sie doch öfter mal zu diesen. Die einzelnen Produkte sind in der Regel immer wesentlich teurer. Hier lässt sich einiges an Geld sparen.

Fertiggerichte
Streichen Sie Fertiggerichte von Ihrem Speiseplan. Diese sind oft wesentlich teurer als selbst zubereitete Gerichte. Zudem sind diese auch nicht sehr gesund und enthalten viele Zusatzstoffe, wie beispielsweise Geschmacksverstärker.

ALLGEMEINE TIPPS ZUR ORGANISATION UND PLANUNG DER HAUSHALTSKASSE

Haushaltskonto – Kontrollieren Sie Ihre Ausgaben, indem Sie ein festes Budget setzen
Halten Sie Ihre Ausgaben im Auge und setzen Sie sich ein monatliches Budget fest. Im stressigen Alltag ist es uns oft zu viel Arbeit, noch ein extra Haushaltsbuch zu führen, für welches wir alle Quittungen aufbewahren und in dem wir darüber

Einträge führen müssen. Natürlich ist dies der beste Weg, seine Haushaltsausgaben ganz genau zu erfassen und zu erkennen, wofür das meiste Geld ausgegeben wurde. Ich habe eine weitere Methode für mich entdeckt, die auch sehr gut funktioniert.

Bestimmen Sie ein monatliches Budget und halten Sie fest, was genau davon bezahlt werden soll. Nehmen wir an, Sie setzen sich ein monatliches Budget von 300 EUR für Lebensmittel und Haushaltsbedarf. Zu dem Haushaltsbedarf zählen wir Waschmittel und Reinigungsmittel. Gerne können Sie noch weitere Produkte in Ihr Budget einplanen, wie beispielsweise Drogerieartikel. Wichtig ist nur, dass Sie wirklich nur die Artikel von dem Budget kaufen, die Sie festgelegt haben. Nur so bekommen Sie eine genaue Übersicht Ihrer Ausgaben. Heben Sie sich bei der nächsten Gehaltsauszahlung diesen Betrag von Ihrem Konto ab oder legen Sie sich ein Haushaltskonto mit separater EC-Karte an, auf das Sie diesen Betrag überweisen.

Hier gibt es übrigens einige Banken, die keine Kontoführungsgebühr verlangen. Den ganzen Monat bezahlen Sie Ihre Lebensmittel und Ihren festgelegten Bedarf nur von diesem Budget. Hier lernen Sie ebenfalls, mit dem Budget von in diesem Fall 300 EUR auszukommen und gegebenenfalls unnötige Käufe zu überdenken oder sogar gänzlich zu vermeiden, wenn man nur einen Betrag X zur Verfügung hat. Wenn Sie diese Käufe ständig von Ihrem laufenden Konto bezahlen, verlieren Sie schnell den Überblick, wie viel Geld Sie bereits ausgegeben haben, und man tendiert dazu, mehr auszugeben. Diese Methode können Sie für alle Bereiche anwenden. Legen Sie sich doch eine Summe X fest, die Sie pro Monat für beispielsweise Kleidung einplanen. Sie werden feststellen, die Gefahr für Impulskäufe sinkt enorm, da man vor dem Kauf genau überlegt, ob dieser unbedingt nötig ist, wenn nur ein begrenztes Budget zur Verfügung steht.

Vergleichen Sie Preise
Ich vergleiche ständig Preise und kann das auch jedem nur wärmstens empfehlen. Kaufen Sie den Artikel nicht beim erstbesten Händler. Vergleichen Sie die Preise doch mal im Internet. Nehmen wir an, Sie sehen im Baumarkt in Ihrer Stadt einen

Akkuschrauber, mit dem Sie liebäugeln. Werfen Sie einen Blick ins Internet, zu welchem Preis der Akkuschrauber bei anderen Baumärkten in der Umgebung erhältlich ist, vielleicht sogar zum Angebotspreis. Mit etwas Glück ist der Akkuschrauber sogar in einem Onlineshop noch günstiger zu erwerben. Dies ist eine gute Möglichkeit, Geld zu sparen, wenn Sie auf den Artikel ein paar Tage warten können und ihn nicht sofort benötigen.

Vergleichen Sie Strom- und Gasanbieter
Bei den unzähligen Anbietern auf dem Markt ist es schwierig und zeitaufwändig, einen Überblick zu haben. Bei welchem Anbieter informiere ich mich zuerst? Welche Anbieter gibt es und kenne ich alle? Hierbei scheitern schon viele Tarifwechsel, da es oftmals einfach zu zeitaufwändig und zu lästig ist, sich Stunden mit der Suche nach Alternativen zu beschäftigen. Das Resultat am Ende ist, dass man bequemerweise bei seinem altbekannten Anbieter bleibt und auf den Tarif vertraut, den man schon seit einigen Jahren nutzt. Zum Glück geht es mittlerweile dank des Internets viel einfacher und vor allem schnell, die besten Preise zu

finden. Suchen Sie im Internet nach Vergleichsportalen. Hier können Sie verschiedene Strom- und Gasanbieter kostenlos vergleichen. Sie erhalten mit einem Klick einen Überblick über alle Anbieter und deren Preise, ermittelt auf Grundlage Ihrer angegebenen Bedarfsdaten.

Oft lohnt sich so ein Anbieterwechsel, da diese gerne mit attraktiven Sofortboni werben, die Sie nach Abschluss des Vertrages gutgeschrieben bekommen. Auch bei den Grundpreisen gibt es oft günstigere Alternativen als den aktuell genutzten Tarif. Ich selbst habe hier schon viel Geld gespart und der Wechsel hat immer reibungslos funktioniert. Im Übrigen lassen sich auf den Vergleichsportalen auch wunderbar Handyverträge, diverse Versicherungen und vieles mehr vergleichen. Ein Blick auf diese Seiten lohnt sich, bevor man, leider oft unwissend, den altbekannten und häufig teureren Vertrag abschließt.

Denken Sie über Second-Hand-Ware nach
Es muss nicht immer neu sein. Das Internet bietet viele Portale, auf denen neue und auch gebrauchte Kleidung zu erschwinglichen Preisen verkauft

werden. Ein Blick auf diese Portale lohnt sich, wenn man nicht bereit ist, den vollen Neupreis zu bezahlen. Gleiches gilt für Elektroartikel, Haushaltsgeräte, Möbel und vieles mehr. Im Internet lässt sich das eine oder andere Schnäppchen machen und viel Geld sparen.

Verkaufen Sie nicht genutzte Gegenstände und Kleidung

Bessern Sie Ihre Haushaltskasse auf, indem Sie nicht mehr benötigte Kleidung, Möbel, Dekoartikel etc. im Internet oder auf dem Flohmarkt in der Stadt verkaufen. Hier lässt sich meiner Erfahrung nach noch viel verkaufen. Verschonen Sie Ihr Inventar vor dem Mülleimer und schenken Sie Ihrer alten Kleidung und Ihren nicht (mehr) genutzten Gegenständen ein weiteres Leben bei einem neuen Besitzer. Mit diesen Verkäufen lässt sich noch mehr verdienen als Sie denken. Der großartige Nebeneffekt dabei ist, dass Sie Ihre Wohnung oder Ihr Haus damit entrümpeln und Platz und Ordnung schaffen. Schaffen Sie den unnötigen Ballast in Form von Gegenständen und Kleidung aus Ihrem Haus. Das macht glücklich und gibt Ihnen ein Gefühl von Leichtigkeit.

LED-Lampen

Statten Sie Ihre gesamte Wohnung oder Ihr Haus mit LED-Lampen aus. Diese sind wesentlich energiesparender als beispielsweise Halogen-Lampen. Zudem sind LED-Lampen deutlich langlebiger und verbrauchen wirklich kaum Strom. Diese Ersparnis werden Sie bei Ihrer nächsten Abrechnung merken.

Mehrfachsteckdosen mit Schalter

Ist Ihnen bewusst, dass ausgeschaltete Geräte weiterhin Strom ziehen, sofern diese noch in der Steckdose eingesteckt sind? Sie können deren Stromverbrauch deutlich reduzieren, indem Sie die Geräte logischerweise einfach komplett vom Strom trennen oder aber Mehrfachsteckdosen verwenden. Diese lassen sich ausschalten und verhindern, dass die Geräte weiterhin im Hintergrund Strom verbrauchen. So können Sie Ihre Stromkosten reduzieren.

Heizkörper nicht zustellen

Sparen Sie Heizkosten, indem Sie Ihren Heizkörpern die Chance geben, ihre Wärme ungebremst an Ihre Räume abzugeben. Stellen Sie Ihre Heizkörper nicht mit schweren Möbeln zu. Auch dicke Gardinen und Vorhänge hindern die warme Luft daran, in den Raum auszuströmen.

Richtiges Lüften
Lüften Sie richtig und sparen Sie Energie dabei. Mehrfaches tägliches Stoßlüften ist wesentlich besser und energiesparender als dauerhaftes Kipplüften. Die Luft im Raum wird schnell ausgetauscht, ohne dass die Wände innen auskühlen. Die Heizung muss so lediglich, nachdem Sie die Fenster wieder geschlossen haben, die frische Luft erwärmen. Das geht wesentlich schneller und verbraucht deutlich weniger Energie.

ANWENDUNGSTIPPS FÜR DIE HAUSHALTSREINIGUNG UND ORGANISATION

Nach der Arbeit muss erst einmal für Ordnung gesorgt werden. Der Wohnzimmertisch muss vom Vorabend noch aufgeräumt werden, das Bad muss geputzt werden und eine Runde mit dem

Staubsauger muss auch noch durch die Wohnung oder das Haus gedreht werden. Genauso wichtig wie die Haushaltskasse ist die Ordnung im Haushalt. Gut organisiert und strukturiert geht die Hausarbeit leichter von der Hand und wird nicht mehr zur täglichen Qual. Sie müssen es nicht mögen, aber Fakt ist, es muss erledigt werden. Ich möchte Ihnen helfen, wie Sie Ihren Haushalt besser strukturieren und mit ein paar einfachen Anwendungstipps Zeit sparen und entspannter in den Feierabend starten können.

Tägliche Reinigungs- und Aufräumroutinen einbauen

Warten Sie nicht, bis sich das Chaos auf dem Wohnzimmertisch und in der Küche, der Kalk in Dusche und Waschbecken und der Dreck in der Toilette nur mit mehrstündigem Aufwand beheben lassen. Bauen Sie kleine Routinen in Ihren Alltag ein. Sie werden den kleinen Aufwand dafür kaum bemerken, jedoch ist das Ergebnis groß.

Legen Sie sich immer ein Reinigungstuch bereit und trocknen Sie damit Ihr Waschbecken und Ihre Dusche nach <u>jeder Benutzung</u>

Es spart enorm viel Zeit bei der Reinigung der Bäder, wenn die Sanitärobjekte bereits regelmäßig nach der Benutzung gereinigt werden. Hiermit verhindern Sie hartnäckige Kalkablagerungen, die nur mit großem Aufwand entfernt werden können, und Ihre Einrichtung wird durch die regelmäßige Reinigung länger gepflegt aussehen.

Reinigen Sie Ihre Toilette <u>regelmäßig</u>

Mindestens einmal pro Woche. Hiermit ersparen Sie sich lästige Verschmutzungen, die nur schwer entfernt werden können. Auch hier ist der Zeitaufwand gering, wenn dies regelmäßig gemacht wird.

Säubern Sie Ihre Küche sofort nach dem Kochen

Anstatt die eingebrannten Essensreste noch länger auf dem Kochfeld verweilen zu lassen, entfernen Sie diese unmittelbar, nachdem Sie mit dem Kochen fertig sind. Der Schmutz lässt sich so wesentlich einfacher entfernen und das Kochfeld ist am nächsten Tag direkt einsatzbereit, ohne dass Sie erst Überbleibsel des Vortages entfernen müssen. Ihre Küche wird automatisch ordentlicher wirken.

Räumen Sie Ihr Geschirr nach dem Essen unmittelbar vom Tisch

Stellen Sie Ihr genutztes Geschirr, sobald Sie die Mahlzeit beendet haben, in die Spülmaschine oder spülen Sie es unmittelbar danach. Es ist heimtückisch und wir kennen es alle: Hat man nach dem Essen erst einmal auf der Couch gelegen, kann man sich schlecht dazu motivieren, aufzuräumen. Vermeiden Sie diese Unordnung und widmen Sie sich erst anderen Aktivitäten, nachdem diese aufgeräumt ist. Gleiches gilt für den Wohnzimmertisch, bevor Sie zu Bett gehen. Räumen Sie Ihre Gläser etc. in die Spülmaschine, bevor Sie schlafen gehen. Die Ordnung am nächsten Morgen macht einen großen Unterschied. Sie werden sich besser fühlen, da Sie nicht sofort vom Chaos begrüßt werden.

Staubsaugen Sie regelmäßig

Selbst wenn Sie dies nur kurz und grob machen. Es kostet nicht viel Zeit, wenn man die Krümel auf dem Boden schnell aufsaugt. Es kostet erheblich mehr Zeit, wenn man Wollmäuse und Krümmel überhandnehmen lässt und stundenlang mit der Reinigung beschäftigt ist. Ihr Boden wirkt mit dieser Methode, vorausgesetzt, Sie sind hier auch wirklich konsequent, immer sauber.

Boxen, Schubladen und Schränke

Verstauen Sie einzelne kleinere Gegenstände in Schubladen und Schränken. Wenn diese Kapazität aufgebraucht ist, greifen Sie auf Boxen und Körbe zurück. Diese eignen sich zum Beispiel perfekt für das Bad. Packen Sie alles, was auf der Waschbeckenablage steht, in diese Boxen und Körbe. Neben dem dekorativen und ordentlichen Effekt erspart Ihnen dies viel Zeit bei der Reinigung, da beim Staubwischen nicht mehr jedes Produkt einzeln weggeräumt werden muss. Auch innerhalb Ihrer Schränke lassen sich diese perfekt integrieren, da sie das Chaos im Inneren verhindern. Ist es nicht furchtbar, wenn man den Schrank öffnet und es kommt einem alles schon direkt entgegengefallen?

Mit Boxen und Körben schaffen Sie System und Ordnung und sorgen für Übersichtlichkeit.

Überlegen Sie sich doch einmal, für welche Produkte diese Form der Organisation für Sie in Frage kommt. In Küchenschränken beispielsweise lässt sich übrigens auch ganz hervorragend mit Boxen und kleinen Körben eine tolle Ordnung und Übersichtlichkeit schaffen. Sie werden alles viel schneller zur Hand haben und sich die eine oder andere verzweifelte Suche ersparen. Auch die Gefahr des einen oder anderen Unglücks in Form von herunterfallenden Gegenständen minimiert sich, da nichts mehr hervorgekramt werden muss.

Perfekt für das Badezimmer eignen sich übrigens Spiegelschränke. Hier passt alles rein, was ansonsten unordentlich und verloren im Badezimmer steht. Ihre Produkte haben hiermit einen festen Platz, sind direkt griffbereit und sobald der Schrank geschlossen ist, ist nichts mehr von den unzähligen Hygieneartikeln sichtbar. Somit haben Sie immer ein ordentliches und aufgeräumtes Bild vor Augen. Es lohnt sich wirklich, den einfachen Spiegel durch einen Spiegelschrank zu ersetzen.

Effektiver Hausputz – Reinigung mit System

Überlegen Sie sich, welche Reihenfolge beim Hausputz am effektivsten ist.

Ist es effektiv, die Böden zu staubsaugen und danach die Möbel abzustauben? Hierbei fällt der Staub wieder auf den Boden und Sie müssen erneut bzw. wieder schneller zum Staubsauger greifen. Abgesehen davon stört dieser Staub beim anschließenden Nasswischen, da Sie diesen nur vor sich herschieben. Sparen Sie sich diesen Schritt und stauben Sie zuerst alles ab, bevor Sie mit der Reinigung der Böden beginnen. Einfach aber effektiv. Ein weiteres Beispiel anhand der Fensterbänke: Diese zuerst zu reinigen und danach die Fenster zu putzen, ist auch nicht die effektivste Lösung.

Das Schmutzwasser tropft Ihnen auf die Fensterbank und Sie müssen diese erneut reinigen. Ebenfalls macht es Sinn, Ihre Sanitärobjekte zu reinigen, bevor Sie die Böden wischen. Der verwendete Badreiniger tropft gerne mal auf den Boden und hinterlässt unschöne Flecken. Sie würden sich ärgern, wenn Sie die Böden nun schon gereinigt hätten und erneut wischen müssten.

Anhand dieser simplen Beispiele möchte ich nur, dass Sie das Prinzip verstehen und wissen, worauf ich hinaus möchte. Es spart Zeit und Nerven, wenn zusätzliche Arbeitsschritte mit einer cleveren und systematischen Reihenfolge vermieden werden können.

Verzichten Sie auf teure Kalkentfernungsmittel
Hier findet die <u>Essigessenz</u> mit dem höheren Säureanteil von 15-25 % Verwendung. Da sie ätzend wirkt, sollte Sie allerdings mit Wasser verdünnt werden. Als Faustregel gilt: 100 ml Essigessenz auf 400 ml Wasser. Dies eignet sich hervorragend für die Küche und das Badezimmer. Dank des Säureanteils lassen sich Ablagerungen in Toilette, Waschbecken, Dusche oder an Armaturen und Wasserhähnen mühelos entfernen. Lassen Sie den Essig an den betroffenen Stellen kurz einwirken und spülen Sie mit Wasser nach.

Wichtig: Bitte bewahren Sie die Essigessenzen stets außer Reichweite von Kindern auf und tragen Sie bei der Verwendung stets Handschuhe. Die Essenz wirkt ätzend und kann somit gefährlich sein.

Schuhe aus im Haus!
Es macht einen so unglaublich großen Unterschied. Ziehen Sie Ihre Schuhe im Haus aus. Der Schmutz fällt Ihnen vermutlich gar nicht sofort auf und ist auch erst einmal gar nicht großartig sichtbar, jedoch verkürzen sich die Abstände deutlich, zwischen denen erneut gewischt werden muss. Wenn Sie ab sofort die Schuhe im Haus ausziehen, werden Sie viel weniger Schmutz auf dem Boden haben, womit Ihr letztes Reinigungsergebnis deutlich länger anhält. Der Staubsauger reicht hier oft aus und kann das Nasswischen das eine oder andere Mal ersetzen. Ich denke, ich muss nicht erwähnen, dass dies natürlich in erster Linie für Haushalte ohne Haustiere gilt.

Halten Sie Ihre Reinigungsgeräte und Putzmittel griffbereit
Klingt simpel, und genau das ist es auch. Oftmals ist es einfach zu lästig, den Staubsauger bloß für ein paar Krümel aus der hintersten Ecke oder dem Keller zu holen. Wir lassen sie also einfach liegen und spätestens am nächsten Tag ärgern wir uns beim Anblick des Bodens.

Geben Sie beispielsweise Ihrem Staubsauger einen Platz, an dem er schnell und einfach griffbereit ist. Wenn er schnell zur Hand ist, greifen wir doch viel eher auf ihn zurück, um die Krümel auf dem Boden sofort zu entfernen, anstatt ihn erst einmal aus dem Keller holen zu müssen. Es macht einen großen Unterschied, wenn Sie Ihre Arbeitsgeräte in der Nähe haben, und es wird Ihnen deutlich weniger lästig sein, einige Verschmutzungen direkt zu entfernen, da Sie sich Ihren Geräten und Utensilien sofort ohne viel Aufwand bedienen können. Wir sorgen hiermit also wieder ohne viel Zeitaufwand für unsere Grundordnung und lassen nicht zu, dass sich der Schmutz sammelt.

Die richtigen Reinigungsutensilien: Tücher

Sparen Sie sich viele verschiedene Produkte und erleichtern Sie sich die Reinigung mit den richtigen Utensilien. Im Internet finden Sie beispielsweise spezielle Tücher, mit denen sich streifenfrei Fenster, Spiegel und Armaturen ohne anschließendes Trockenreiben putzen lassen. Sparen Sie sich also viele verschiedene Tücher, mit denen Sie zuerst feucht und dann anschließend trocken wischen müssen, und legen Sie sich Tücher zu, welche diese in einem Schritt kombinieren. Die Zeitersparnis ist hier bemerkenswert und ganz nebenbei lässt sich hiermit sogar der Glasreiniger sparen.

Die richtigen Reinigungsutensilien: Staubwedel oder Tuch?
Meiner Erfahrung nach wirbelt dieser den Staub nur von A nach B, landet letztendlich doch wieder auf dem Boden und kündigt mir hiermit das nächste zeitnahe Staubwischen an. Ich nutze den Staubwedel nur noch für schwer zu erreichende Bereiche, wie beispielsweise hohe Schränke. Für alles andere benutze ich Staubtücher und bin begeistert davon. Sie nehmen den Staub viel besser auf und wirbeln ihn nicht umher. Dadurch ist die Reinigung viel effektiver und das Ergebnis hiervon sind deutlich längere staubbefreite Oberflächen. Die Tücher lassen sich problemlos in der Waschmaschine reinigen und sind günstig bei diversen Anbietern zu erwerben.

Reinigung step by step

Wenn man morgens schon an den Hausputz nach der Arbeit denkt, lässt die schlechte Laune grüßen. Von oben bis unten muss einmal alles abgestaubt, gestaubsaugt und nass gewischt werden. Stunden vergehen und der Abend ist gelaufen, da er nur mit dem Hausputz verbracht wurde.

Ein Vorteil ist schon einmal, wenn Sie die Methode / den Tipp von oben befolgen, dass kein hartnäckiger Schmutz vorhanden ist, dessen Entfernung einige Zeit in Anspruch nimmt und somit die ganze Prozedur zeitlich deutlich abkürzt. Machen Sie sich keinen Stress, dass alles an einem Tag erledigt sein muss. Planen Sie sich kleine Aufgaben und Arbeitsschritte über zwei Tage verteilt ein. Sie werden weniger gestresst sein.

Das könnte beispielsweise wie folgt aussehen:

Fangen wir am Montag mit dem Staubwischen in der gesamten Wohnung oder im gesamten Haus an. Währenddessen das Essen im Backofen ist oder die Pasta kocht, reinigen wir die Oberflächen und die Sanitärobjekte im Badezimmer. Anschließend reinigen wir die Küchenoberfläche, nachdem wir sowieso gekocht haben.

Diese Schritte haben nicht viel Zeit in Anspruch genommen, aber dazu geführt, dass nun am nächsten Tag lediglich noch die Böden zu reinigen sind. Der weitere positive Aspekt hierbei ist, dass Sie nicht einen gesamten Nachmittag und Abend opfern müssen, sondern nur einen Teil der Zeit. Das gibt Ihnen das Gefühl, nicht den gesamten Abend mit dem Haushalt verbracht zu haben, sondern auch noch Zeit für andere Dinge zu haben.

Natürlich ist das kein Muss, jeder Mensch ist hier individuell und reinigt die Wohnung oder das Haus am liebsten in einem Abwasch und möchte am nächsten Tag nicht noch einmal beginnen. Ich bevorzuge jedoch die Methode, mir die Hausarbeit einzuteilen. Wie Sie es schaffen, einen Teil Ihrer Aufgaben angenehm und clever in Ihren Alltag zu integrieren, erzähle ich Ihnen im nächsten Abschnitt.

Aufschieben – Aufgaben angenehm in Ihren Alltag integrieren

Aufschieben ist fatal. Nach einem stressigen Tag auf der Arbeit fehlt es uns an Zeit und Lust, den Haushalt zu erledigen. Wir verschieben die zu erledigenden Aufgaben auf den nächsten Tag und wundern uns, warum diese nun mehr geworden sind. Im Endeffekt nimmt die Erledigung nun deutlich mehr Zeit in Anspruch und frustriert uns. Setzen Sie sich kleine Ziele und Aufgaben, welche Sie nicht aufschieben, sondern direkt erledigen. Versuchen Sie, diese in Ihren Alltag zu integrieren und nebenher zu erledigen. Ihnen werden die Veränderungen schnell auffallen und der Aufwand dafür ist wirklich gering.

Wie könnte so eine Aufgabe nebenher aussehen? Staubwischen Sie Ihr Wohnzimmer doch während Ihrer Lieblingsserie. Sie verpassen nichts und haben diesen Raum bereits für den nächsten Hausputz erledigt.

Dasselbe können Sie auch mit der sauberen Wäsche machen. Nehmen Sie sich den Wäschekorb doch mit ins Wohnzimmer und falten Sie Ihre frische Kleidung während der Lieblingsserie oder dem Lieblingsfilm vor dem Fernseher. Es erledigt sich ganz nebenbei, Sie müssen nicht auf Ihr TV-Programm verzichten und die zu faltende Wäsche sammelt sich nicht mehr an. Auch bügeln lässt es sich ganz wunderbar vor dem Fernseher.

Versuchen Sie einfach, sich die Hausarbeit, welche Sie nebenher erledigen, so angenehm wie möglich zu gestalten. Ganz automatisch schieben Sie so einige Aufgaben nicht mehr vor sich her, sondern erledigen diese ganz nebenbei ohne großen Aufwand, indem Sie diese einfach mit einer für Sie schönen Beschäftigung, sofern möglich, integrieren. Sie werden diese Aufgaben nicht mehr als solche betrachten, zu denen Sie sich zwingen müssen. Auch das negative Gefühl, welches diese Arbeiten für gewöhnlich bei Ihnen auslösen, wird nachlassen, da Sie sich diese einfach angenehmer gestalten.

Musik und Hörbücher
Feiern Sie beim Putzen Ihre eigene Party. Setzen Sie sich Ihre Kopfhörer auf oder schalten Sie Ihre Musikanlage mit Ihren Lieblingssongs an. Die Hausarbeit wird um einiges erträglicher, wenn die Lieblingsmusik dazu läuft.

Sie lieben gute Bücher, jedoch fehlt Ihnen im Alltag leider oft die Zeit und Ruhe, diese zu lesen? Vielleicht gehört das Lesen auch nicht zu Ihren Lieblingsbeschäftigungen, aber Sie mögen gute

Geschichten. Dann sind Hörbücher wie für Sie gemacht. Laden Sie sich Ihr Lieblingsbuch doch mal auf Ihr Smartphone und hören Sie sich dies während der Hausreinigung an. Eine große Auswahl an Hörbüchern finden Sie auch bei einigen Musikstreaming-Apps. Versuchen Sie es mal, denn mit einer guten Geschichte lässt sich die Haushaltsreinigung viel einfacher und angenehmer erledigen und die Zeit vergeht wie im Flug. Vielleicht gelingt es Ihnen sogar, dabei abzuschalten und den Stress gänzlich fallen zu lassen, den Sie sonst hierbei empfinden.

Entrümpeln Sie regelmäßig
Nicht alle Gegenstände finden in unserem Haushalt ewigen Gebrauch. Versuchen Sie daher, alle Gegenstände, welche Sie nicht mehr benötigen und welche sich auch nicht mehr verkaufen lassen, zu entsorgen oder zu verschenken. Regelmäßiges Entrümpeln spart Ihnen in Ihrem Alltag so viel Zeit. Der Vorgang des Aussortierens selbst nimmt zugegeben erst einmal einige Zeit in Anspruch. Hierzu muss man sich oft zwingen.

Allerdings beschränkt sich dieser Zeitaufwand nur auf wenige Tage, wenn überhaupt.

Die Belohnung hierfür erhalten Sie allerdings über viele Wochen und Monate. Es spart unglaublich viel Zeit, wenn die Schränke nicht bis zum Anschlag gefüllt sind und man beispielsweise besser an seine Salatschüssel kommt, anstatt erst einmal den halben Schrank dafür ausräumen zu müssen. Sie werden sich befreiter fühlen. Es gibt allerdings auch Gegenstände, von denen wir uns nicht trennen möchten, sei es aufgrund des emotionalen Werts, welcher für uns dahintersteckt, oder wegen der Vermutung, man könne es irgendwann doch noch einmal gebrauchen. Sortieren Sie hierfür alles aus, was Sie länger als ein Jahr nicht genutzt haben. Packen Sie alles in eine Kiste und stellen Sie diese in Ihren Keller, auf den Dachboden oder an einen beliebigen Ort, an dem sie nicht stört. Selbst wenn Sie diese Gegenstände nicht endgültig entsorgt haben, haben Sie diese nun zentral an einem Ort gesammelt und somit Platz und Ordnung in Ihren Schränken geschaffen.

Schauen Sie sich den Inhalt dieser Kiste in regelmäßigen Abständen an und Sie werden feststellen, dass irgendwann der Zeitpunkt kommt, an dem Sie sich gerne von einigen Gegenständen trennen. Wenn Sie regelmäßig entrümpeln, werden Sie sich deutlich freier fühlen und die Gefahr des Ansammelns sinkt deutlich. Ich empfehle, dies zweimal jährlich in Angriff zu nehmen, da sich ganz unbewusst mit der Zeit immer wieder unnötige Gegenstände dazugesellen und Ihre Schränke füllen.

Grundordnung und Grundsauberkeit
Für mich persönlich sind das die zwei wichtigsten Säulen im Haushalt. Sie geben mir das Gefühl, niemals von Chaos und Schmutz überwältigt zu werden, und lassen mich zu Hause wohl fühlen, selbst wenn ich gerade einmal keine Zeit für den Hausputz habe.

Tragen Sie mit den im Ratgeber genannten Tipps für eine gewisse Grundordnung und Grundsauberkeit in Ihrem Haus oder Ihrer Wohnung bei. Es macht einen riesigen Unterschied, wenn von Grund auf eine gewisse Sauberkeit und eine gewisse Ordnung herrschen. Es wird nie übermäßig schmutzig sein und der Aufwand beim großen

Hausputz ist durch die regelmäßigen kleinen Reinigungen viel geringer.

Auch das Chaos bleibt überschaubar, wenn Sie sich angewöhnen, einige Dinge sofort wegzuräumen. Ihre Laune wird es Ihnen danken, denn durch diese simplen Methoden werden Sie sich nicht mehr unwohl fühlen, da die Grundsauberkeit und eine Grundordnung vorhanden sind. Neurowissenschaftler an der Princeton University fanden heraus, dass Unordnung in der Umgebung von Probanden zu deutlich schlechteren Ergebnissen, Leistungseinbußen und erhöhtem Stress führte, im Gegensatz zu den Menschen, die in einem aufgeräumten Bereich die Aufgaben erledigen. Dies führt noch einmal auf, wie wichtig eine ordentliche und saubere Grundlage in unserem Zuhause ist. Auch Schreck und Scham bei unangekündigtem Besuch bleibt somit zukünftig aus. Sie müssen sich für nichts schämen und auch das stundenlange Aufräumen bei angekündigtem Besuch bleibt aus, da Sie mit diesen kleinen Methoden weder im Chaos noch im Dreck versinken. Sie werden sich besser fühlen, besser entspannen und ein Gefühl von Kontrolle haben, da der Haushalt so nicht mehr komplett aus dem Ruder läuft.

Wechseln Sie den Raum nicht mit leeren Händen

Nehmen Sie immer etwas mit. Sobald Sie einen Raum zu Hause wechseln, nehmen Sie immer eine Sache mit, die sowieso aufgeräumt werden muss. Wenn Sie also zum Beispiel von der Küche aus in den Hauswirtschaftsraum gehen, um die Wäsche aus der Waschmaschine zu räumen, nehmen Sie doch die leeren Pfandflaschen vom Küchentisch oder das schmutzige Geschirrtuch direkt mit. Tun Sie dies nun regelmäßig, geht das nach einiger Zeit in eine automatische Routine über, über welche Sie gar nicht mehr groß nachdenken. Sie sparen sich damit viele zusätzliche Gänge und räumen Stück für Stück automatisch ohne Aufwand auf.

ANWENDUNGSTIPPS RUND UM DIE WÄSCHE

Sortieren Sie Ihre Schmutzwäsche vor

Anstatt die gesamte Wäsche in einem Korb zu sammeln und erst am Waschtag farblich zu sortieren, sortieren Sie diese sofort. Es erspart enorm viel Zeit, wenn die Wäsche bereits vorsortiert ist und somit sofort in die Waschmaschine wandern kann. Perfekt hierfür eignen sich Wäschekörbe mit zwei oder drei integrierten Unterteilungen.

Timerfunktion

Lassen Sie Ihre Waschmaschine für Sie arbeiten. Sofern Ihre Waschmaschine eine Timerfunktion besitzt, nutzen Sie diese. Sie ist Gold wert. Die Maschine wäscht ohne Sie und braucht Sie nicht dauerhaft anwesend dabei. Stellen Sie diese so ein, dass das Waschprogramm fertig ist, sobald Sie beispielsweise von der Arbeit nach Hause kommen. So können Sie die Wäsche sofort aufhängen oder gegebenenfalls in den Trockner legen und zeitgleich wieder eine neue Waschmaschine anstellen. Die Zeit, in der Sie nicht anwesend sind, wird viel effektiver genutzt, da sich nun an einem Tag mehrere anstatt nur ein Waschgang erledigen lassen.

ECO-Programme

Heutzutage ist fast jede Spül- oder Waschmaschine mit einem ECO-Programm ausgestattet. Die Laufzeit dieser Programme ist zwar etwas länger, verbraucht hingegen aber viel weniger Strom und Wasser. Sofern Sie Maschinen mit diesem Programm besitzen, nutzen Sie diese so oft wie möglich, anstelle des normalen Waschprogramms. Hierdurch lassen sich die Wasser- und Stromkosten reduzieren.

Dosieren Sie Ihr Waschmittel richtig
Das haben Sie sicherlich schon oft gelesen oder gehört. Jedoch ist es unglaublich sinnvoll, dies wirklich zu beachten. Dosieren Sie nach Angaben des jeweiligen Herstellers und beachten Sie zusätzlich, wie voll Ihre Waschmaschine ist. Die Herstellerangaben beziehen sich immer auf volle Ladungen. Ist Ihre Waschmaschine allerdings nur halb gefüllt, brauchen Sie folglich weniger Waschmittel als vom Hersteller angegeben. Testen Sie es aus. Hiermit lässt sich der Waschmittelverbrauch deutlich reduzieren und Ihre Wäsche wird trotzdem sauber. Weniger ist hier mehr.

Verzichten Sie auf teure Weichspüler
Greifen Sie stattdessen zu gewöhnlichem <u>Haushaltsessig</u> mit 5 % Säure. Dieser ist bereits für

unter einem Euro erhältlich. Pro Waschgang reichen bereits 30-60 ml aus. Geben Sie diesen einfach in das Fach für den Weichspüler. Der Essig enthärtet zum einen das Wasser und spült eventuelle Reste von Waschmitteln aus den Fasern, so dass Ihre Kleidung angenehm weich wird. Sollten Sie Bedenken bezüglich des Geruches haben, hier kann ich Sie beruhigen. Selbst wenn die Wäsche im nassen Zustand noch leicht nach Essig riecht, sobald sie getrocknet ist, verfliegt der Geruch gänzlich. Hinzu kommt, dass der Essig Ihre Waschmaschine pflegt, indem er unter anderem Kalkablagerungen löst. Wichtig ist nur, dass Sie hierzu keine Essigessenz, sondern den normalen Haushaltsessig mit 5 % Säure verwenden. Essigessenz hat einen deutlich höheren Anteil an Säure und kann Ihrer Waschmaschine schaden.

Hängen Sie Ihre Wäsche clever auf und sparen Sie sich lästiges unnötiges Bügeln
Ich mache kein Geheimnis daraus, dass ich kein großer Fan vom Bügeln bin und von meiner Kleidung nur das Nötigste das Bügeleisen zu Gesicht bekommt. Jedoch laufe ich trotzdem nicht mit zerknittertem T-Shirt und Pullover durch den Alltag.

Eine einfache Methode, die einen großen Unterschied macht: Ziehen Sie ein wenig an den T-Shirts, Pullovern und Hosen, solange diese noch nass sind. Hiermit entfernen Sie schon einige grobe Knitterfalten, die durch die Waschmaschine entstanden sind. Wichtig ist nun, dass Sie diese Kleidungsstücke ordentlich und gerade auf der Wäscheleine oder dem Wäscheständer aufhängen. Achten Sie darauf, dass beim Aufhängen keine Falten entstehen, denn so kann Ihre Wäsche weitestgehend faltenfrei trocknen.

Anschließend achten Sie bitte darauf, dass Sie die getrockneten Kleidungsstücke ordentlich falten, das ist sehr wichtig, um das bestmögliche Ergebnis zu erzielen. Natürlich funktioniert das nicht mit jedem Stoff so leicht, denn einige Kleidungsstücke wie Blusen und Hemden werden leider nicht so einfach knitterfrei und müssen trotzdem gebügelt werden. Allerdings können Sie sich bei vielen Kleidungsstücken das Bügeln mit diesem simplen Trick sparen. Das ist das Geheimnis – einfach, aber sehr effektiv.

Verwenden Sie Kleiderbügel

Sofern es Ihr Kleiderschrank hergibt, verwenden Sie Kleiderbügel. Jacken, Strickjacken und Cardigans lassen sich so viel einfacher aufhängen und es erspart Ihnen das lästige Zusammenfalten. Im Internet finden Sie recht viele Anbieter, welche Kleiderbügel in großen Mengen zu recht günstigen Preisen verkaufen.

Die innere Einstellung

E in wichtiges Thema. Mit der inneren Einstellung steht und fällt so einiges. Mit einer guten Einstellung geht alles leichter und einfacher von der Hand. Mit einer schlechten Einstellung, sprich, wenn wir mit Frust an die Dinge denken, die noch zu erledigen sind, verschlechtert sich unsere Laune automatisch erheblich. Es fällt uns alles schwer, wir hegen Groll mit den ganz alltäglichen Dingen und empfinden ihnen gegenüber immer mehr Abneigung.

Ich gebe zu, mich freut es auch nicht, dass mein Haus schmutzig wird und gereinigt werden muss, aber versuchen Sie, das Ganze nicht mit einer negativen Einstellung anzugehen. Fakt ist, es wird sich nicht ändern, wenn Sie sich ärgern. Die Wäsche wird weiter gewaschen werden müssen, der Staub fällt weiter und auch das Bad bleibt vor Verschmutzungen nicht verschont. Tut es mir gut, mich jedes Mal aufs Neue erneut über diese Dinge zu ärgern? Fällt es mir dadurch nicht viel schwerer, mich zu motivieren, um diese Arbeiten zu erledigen?

Wenn wir alles nur negativ sehen und uns ständig über diese Dinge ärgern, wird unsere Laune dauerhaft schlecht sein. Da es nun mal einfach nicht zu ändern ist und gewisse Aufgaben uns unser Leben lang begleiten werden, dürfen wir uns davon nicht dauerhaft negativ beeinflussen lassen. Ansonsten besteht die Gefahr, dass wir uns in einem nie endenden Teufelskreis wiederfinden. Ich kann Ihnen das Thema Haushaltsreinigung nicht schönreden, aber betrachten Sie das Ganze doch mal aus einer anderen Perspektive. Stellen Sie sich Ihre absoluten Lieblingsgegenstände vor, der geliebte Couchtisch, die wunderschöne moderne Vase, der tolle neue Esstisch und die schicke weiße Bluse. Wäre es nicht schade um unsere Lieblinge, wenn wir sie nicht pflegen? Wir pflegen alles, von unseren Beziehungen und Freundschaften bis hin zu unseren Blumen. In den seltensten Fällen empfinden wir dies als eine negative Last, sondern vielmehr als eine schöne Beschäftigung oder sogar als einen wichtigen Lebensinhalt, der nicht von Negativität geprägt ist. Warum pflegen wir unsere Lieblingsgegenstände oder, ganz allgemein gesagt, unser „Zuhause" dann nicht genauso gerne?

Warum ist es uns lästig? Gerade diese Stücke, der Boden und die Küche machen unser Haus oder unsere Wohnung zu einem Zuhause und geben uns Anlass, uns wohlzufühlen. Wir wissen, wenn wir nachlässig werden und die Wohnung oder das Haus sich selbst überlassen, schwindet unsere Wohlfühloase Stück für Stück. Wir verbringen einen großen Teil unseres Lebens in diesen vier Wänden und genau hier sollten wir uns wohl fühlen. Versuchen Sie, die lästigen Aufgaben nicht als Last, die Ihnen schlechte Laune bereitet, zu sehen, halten Sie sich vor Augen, dass Sie Ihre ganz persönliche Wohlfühloase gestalten und pflegen. Es ist Ihr Zuhause, ein Ort, an dem Sie abschalten und glücklich sein sollen. Halten Sie sich immer das wunderbare Ziel vor Augen, in dem Ihr Haus oder Ihre Wohnung inklusive Ihrer Lieblingsstücke im neuen Glanz erstrahlen. Sie werden viel weniger Negativität, sondern viel mehr Motivation fühlen, welche Sie dazu auch noch schneller und effizienter arbeiten lässt, da Sie nur Ihr Ziel, auf welches Sie sich freuen, anstatt den lästigen Weg dorthin vor Augen haben werden. Man spricht hier auch von positivem Mindset. Es bedeutet einfach, dass Sie generell eine optimistische Grundhaltung haben. Hiermit nimmt man Herausforderungen an, gibt nicht auf und meistert sie und findet immer einen Weg zum Ziel.

Sie müssen hier natürlich nicht dauerhaft optimistisch sein, jedoch ist Fakt, dass Optimismus zu einer größeren Achtsamkeit dem eigenen Körper gegenüber führt. Dementsprechend führt dies zu einer gesünderen Lebensweise, mehr Widerstandskraft und zu innerer Ausgeglichenheit, beschreiben Forscher im renommierten Fachjournal „Proceedings of the National Academy of Sciences. Eine gute Portion Optimismus tut uns gut und macht uns das Leben an vielen Ecken einfacher.

Der Monat der Veränderungen

Wie bereits mehrfach erwähnt, ist vielleicht nicht jeder Tipp oder jede Methode für Sie ideal. Ich möchte Sie aber dazu ermutigen, vier Wochen lang einen sogenannten Testlauf zu starten. Suchen Sie sich alle Tipps und Anwendungen für sich heraus, die Sie ansprechen und gut für Sie umzusetzen sind.

Notieren oder markieren Sie sich alle Tipps und Methoden, die Sie umsetzen möchten. Das ist wichtig, damit Sie diese im Alltag und in dessen eingefahrenen Routinen nicht vergessen. Hängen

Sie diese Liste entweder an den Kühlschrank oder legen Sie sich den Ratgeber gut sichtbar bereit, damit Sie schnell darin nachschlagen können.

Befolgen Sie die von Ihnen ausgewählten Tipps und Methoden nun für vier Wochen lang. Versuchen Sie so gut wie möglich, diese in Ihren Alltag zu integrieren, und vor allem, sie nicht zu vergessen. Das ist sehr wichtig, um eine Veränderung festzustellen. Ebenfalls wichtig ist, dass Sie diesen Testlauf nicht verkürzen und nicht gleich frustriert sind, wenn Sie nach einer Woche keine Verbesserung Ihrer Abläufe und in der Haushaltskasse feststellen. Ein langer Atem und auch ein wenig Disziplin sind gefragt. Denn einige Veränderungen müssen etwas länger auf sich warten lassen, wie beispielsweise die Strom- und Wassereinsparung. Diese werden Sie erst nach einigen Monaten bei der nächsten Jahresabrechnung feststellen.

Routinen benötigen Zeit, bis wir diese fest verinnerlicht haben und sie letztendlich ihr Resultat zeigen. Wenn Sie das vier Wochen lang konsequent durchziehen, werden Sie definitiv eine Veränderung feststellen – sei es in Ihren Routinen oder in der Haushaltskasse. Vielleicht stellen Sie auch nach vier Wochen fest, dass einige Routinen für Sie unverzichtbar geworden sind, und Sie fragen sich, warum Sie dies nicht schon immer so gemacht haben. Vielleicht eignen sich einige auch nicht für Sie und Sie empfinden diese als nicht hilfreich für Ihren Alltag. Jeder Mensch ist anders und kommt mit verschiedenen Abläufen unterschiedlich gut zurecht. Es muss auch gar nicht jede Routine perfekt für Sie funktionieren, denn jede noch so kleine Änderung oder Vereinfachung Ihrer Abläufe ist schon ein Erfolg und spart Ihnen Zeit und Geld und im besten Fall noch einiges an Nerven.

Ich möchte Ihnen ein Beispiel anhand der von mir beschriebenen Tipps und Methoden geben, wie der Monat der Veränderung aussehen könnte.

Wenden Sie die folgenden Methoden konsequent vier Wochen lang an:
- Gehen Sie ausschließlich mit dem von Ihnen festgelegten Budget einkaufen.
- Gehen Sie ausschließlich oder überwiegend im Discounter einkaufen.
- Gehen Sie ausschließlich mit einer Einkaufsliste einkaufen und halten Sie sich daran.

- Planen Sie Gerichte und verwerten Sie alle Reste so gut es geht. Versuchen Sie hiermit, Ihren Abfall an Lebensmitteln so gut es geht zu reduzieren.

- Werfen Sie Produkte, deren Mindesthaltbarkeitsdatum abgelaufen ist, nicht sofort weg, sondern überprüfen Sie erst, ob diese nicht doch noch genießbar sind.

- Überdenken Sie teure und übereilte Käufe und schlafen Sie erst einmal eine Nacht darüber, bevor Sie den Kauf tätigen (Impulskäufe).

- Nutzen Sie, sofern vorhanden, so oft wie möglich die Timerfunktion Ihrer Waschmaschine, um Zeit zu sparen.

- Sortieren Sie Ihre Wäsche nach Farben vor. Falls kein Wäschekorb mit integrierten Fächern vorhanden ist, nehmen Sie einfach einen sonstigen beliebigen Behälter. Wichtig ist nur, dass Sie die Schmutzwäsche vorsortieren, um die Zeitersparnis am Waschtag zu reduzieren.

- Hängen Sie Ihre Wäsche ordentlich und gerade auf, damit keine zusätzlichen Falten entstehen und Sie sich bei einigen Kleidungsstücken das Bügeln sparen können. Falten Sie diese anschließend ordentlich und Sie werden begeistert sein, bei wie vielen Kleidungsstücken Sie sich das Bügeln sparen können.

- Kombinieren Sie die für Sie unliebsamen Reinigungsarbeiten und Haushaltsaufgaben so weit wie möglich mit angenehmen Beschäftigungen. Gehen wir in diesem Fall von der Wäsche und vom Staubwischen aus. Diese habe ich im Ratgeber bereits erwähnt, daher halte ich mich hier kurz. Falten und bügeln Sie Ihre Wäsche jedes Mal bei der Lieblingsserie oder dem Lieblingsfilm. Staubwischen Sie den Raum nebenbei, währenddessen Ihre Lieblingssendung läuft.

- Legen Sie sich immer ein Tuch bereit und trocknen Sie Ihre Badezimmerarmaturen und Ihre Dusche nach jeder Nutzung direkt ab, um hartnäckigen Kalkverschmutzungen sofort entgegenzuwirken. Ich weiß, das fordert Disziplin, aber Sie werden sich an dem sauberen Anblick und der leichteren Reinigung, die diese Methode beim nächsten Hausputz mitbringt, erfreuen.

- Reinigen Sie systematisch und teilen Sie sich Aufgaben ein.

- Hören Sie Musik oder Hörbücher bei der Reinigung und schalten Sie damit ein wenig von dem stressigen Alltag ab.

- Betrachten Sie Ihren Haushalt und dessen Aufgaben nicht als Feind, sondern als Pflege Ihres Wohlfühlortes, und sprechen Sie dies ruhig laut aus.

Dies sind nur einige Beispiele von vielen, welche Sie anwenden können. Vielleicht handhaben Sie die eine oder andere Methode sogar schon so. Stellen Sie sich die vier Wochen so zusammen, wie Sie es möchten, und wenden Sie alles nach Ihrem persönlichen Belieben an. Ich möchte an dieser Stelle noch einmal betonen, wie wichtig es ist, die von Ihnen gewählten Methoden unbedingt einzuhalten und für mindestens vier Wochen anzuwenden. Sie werden nach diesen Wochen eine Veränderung feststellen, sei es in den vereinfachten Abläufen oder in Ihrer inneren Einstellung. Machen Sie sich bewusst, dass Sie die Kontrolle erlangen, indem Sie die Richtung angeben. Sie sind der Herr in Ihrem Haushalt und gestalten ihn nach Ihrem Lebensstil.

Schlusswort

Ich hoffe, ich konnte Ihnen einige nützliche Tipps und Tricks mit auf den Weg geben, die Ihnen das Thema Haushaltskasse und Haushaltsreinigung etwas erleichtern und einfacher machen. Wie oben bereits erwähnt, muss nicht alles genau so umgesetzt werden, sondern das Vorgehen unterscheidet sich individuell von Mensch zu Mensch. Für Sie muss beispielsweise die Methode noch lange nicht genauso gut funktionieren wie für Ihren Nachbarn. Beginnen Sie damit, sich den Methoden zu bedienen, die sich am einfachsten in Ihren Alltag integrieren lassen und mit denen Sie sich gut fühlen. Sie werden feststellen, dass es viel Luft nach oben bei der Zeitersparnis gibt. Ich selbst habe monatelang verschiedene Routinen und Methoden angewendet, um den für mich perfekten Ablauf zu finden, mit dem ich mich wohl fühle und gut zurechtkomme, so dass ich selten unzufrieden mit meinem Haushalt bin und immer das Gefühl der Ordnung und Ruhe in meinem Zuhause habe, in das ich mich nach einem stressigen Tag fallen lassen kann. Probieren Sie einfach verschiedenes aus und testen Sie sich quer durch alle kleinen Hilfen, die den Alltag erleichtern können. Schaffen Sie sich Ihre Wohlfühlroutinen, mit denen die täglichen Aufgaben im Haushalt nicht zur Qual werden, sondern schnell und effizient ausgeführt werden und Ihnen Zufriedenheit geben.

Merken Sie sich immer: Sie sind der Herr Ihres Haushalts, setzen Sie sich also bitte nicht unter Druck. Beginnen Sie mit kleinen Zielen. Wenn die kleinen Ziele Erfolgserlebnisse und Verbesserungen in Ihren Alltag bringen, möchten Sie diese nicht mehr wegdenken und es wird Ihnen bei den alltäglichen Aufgaben besser gehen. Das Wichtigste an allem sind Sie und der Punkt, dass Sie sich gut dabei fühlen. Dann funktioniert alles Weitere von ganz allein.

Herstellung und Verlag:

BoD – Books on Demand, Norderstedt

ISBN: 9783756819386

© Carolin Jansen 2022

1. Auflage

Kontakt: Psiana eCom UG/ Berumer Str. 44/ 26844 Jemgum

Covergestaltung: Fenna Larsson

Coverfoto: depositphotos.com